U0881722

爆笑诗人故事

大吃一惊

哈哈星球 • 编译　陈　伟 • 绘

二十一世纪出版社集团
21st Century Publishing Group

图书在版编目（CIP）数据

爆笑诗人故事. 大吃一惊 / 哈哈星球编译；陈伟绘.南昌：二十一世纪出版社集团, 2024. 12.（2025.6 重印）-- ISBN 978-7-5568-8816-0

Ⅰ. G624.203

中国国家版本馆 CIP 数据核字第 2024PZ7474 号

爆笑诗人故事·大吃一惊
BAOXIAO SHIREN GUSHI·DACHIYIJING

哈哈星球·编译　陈　伟·绘

出 版 人　刘凯军
项目统筹　童晓英　马　婷
策划编辑　马　婷　刘　丹
责任编辑　刘　丹　冯　烨
音频录制　糖喵喵文艺创作工作室
装帧设计　程　娇　柴晓荷
出版发行　二十一世纪出版社集团有限公司
（江西省南昌市子安路 75 号　330025）
网　　址　www.21cccc.com
承　　印　江西省和平印务有限公司
开　　本　889 毫米 × 1240 毫米　1/32
印　　张　3.25
印　　数　10001 ~ 16000
字　　数　18 千字
版　　次　2024 年 12 月第 1 版
印　　次　2025 年 6 月第 2 次印刷
定　　价　29.00 元

购买本社图书，如有问题请联系我们：扫描封底二维码进入官方服务号。
服务电话：0791-86512056（工作时间可拨打）；服务邮箱：21sjcbs@21cccc.com。

目录

我的心里只有一件事，
就是学习。

01 王维

人活着，就是为了搞艺术。

听专家解读

文艺青年

如果不写诗，王维可能会成为音乐人。

成为画家。

文人画**鼻祖**。

成为园林设计师。

建造大别墅！

成为和尚。

世称“诗佛”。

一身才华，一生信仰，让他成为盛唐全能才子。

人活着，就是为了搞艺术！

《红楼梦》里香菱学写诗，林黛玉推荐她读王维的诗集。他的作品，可谓古人必读作文选。

年纪轻轻，誉满京城，写下“独在异乡为异客，每逢佳节倍思亲”，是他少年初识愁滋味。

想家。

九月九日忆山东兄弟

独在异乡为异客，每逢佳节倍思亲。
遥知兄弟登高处，遍插茱萸少一人。

进士及第，不幸被贬，写下“红豆生南国，春来发几枝”，是他寄给友人的思念。

相思

红豆生南国，
春来发几枝？
愿君多采撷，
此物最相思。

驻扎塞外，远离锦绣长安，感受彪悍民风，写下“大漠孤烟直，长河落日圆”，是他从一个温润书生真正变成了男子汉。

使至塞上

单车欲问边，属国过居延。
征蓬出汉塞，归雁入胡天。
大漠孤烟直，长河落日圆。
萧关逢候骑，都护在燕然。

生命的尽头，吃斋信佛，亦官亦隐，写下“行到水穷处，坐看云起时”，是他放下了内心纷争。

入朝，官至尚书右丞，看世间繁华；退守，回归心灵，享天地辽阔。

可他写得最好的，仍然是山水田园诗。

山居秋暝

空山新雨后，天气晚来秋。
明月松间照，清泉石上流。
竹喧归浣女，莲动下渔舟。
随意春芳歇，王孙自可留。

苏轼说，王维“诗中有画”“画中有诗”。

像不像一幅画？

鹿柴

空山不见人，但闻人语响。
返景入深林，复照青苔上。

其实，他的诗里，还有动人的音乐。

鸟鸣涧

人闲桂花落，夜静春山空。
月出惊山鸟，时鸣春涧中。

传说王维有洁癖，他家里仅扫地仆人就有十多个，还有两个人专门扎扫帚。

他的诗亦如他的世界——干净，清透，从容不迫，一尘不染。

感觉方圆几十里，
我是唯一的文艺青年。

秒背文学常识

唐代

姓名 王维

别称 字摩诘，
世称“王右丞”

代表作 《鹿柴》
《山居秋暝》
《九月九日忆山东兄弟》

万万没想到

他曾在朝廷里负责排练歌舞。

王维的诗

【小学语文教材同步】

九月九日忆山东兄弟

（三年级）

独在异乡为异客，
每逢佳节倍思亲。
遥知兄弟登高处，
遍插茱萸少一人。

鹿柴

（四年级）

空山不见人，
但闻人语响。
返景入深林，
复照青苔上。

山居秋暝

（五年级）

空山新雨后，天气晚来秋。
明月松间照，清泉石上流。
竹喧归浣女，莲动下渔舟。
随意春芳歇，王孙自可留。

鸟鸣涧

（五年级）

人闲桂花落，
夜静春山空。
月出惊山鸟，
时鸣春涧中。

送元二使安西

（六年级）

渭城朝雨浥轻尘，
客舍青青柳色新。
劝君更尽一杯酒，
西出阳关无故人。

02 李商隐

无法选择。

请你有话直说

听专家解读

唐朝分为四个时期：初唐、盛唐、中唐和晚唐。

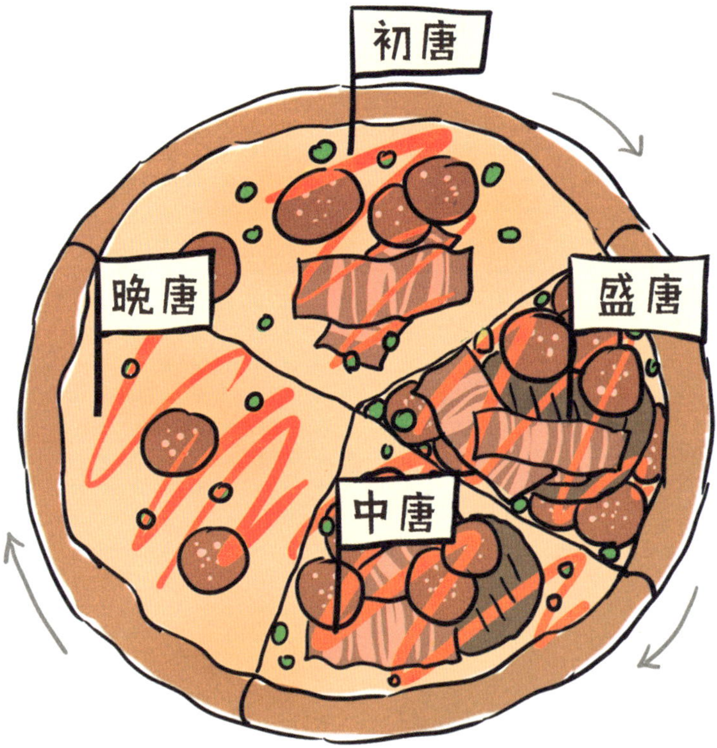

盛唐是唐诗的巅峰时期，李白和杜甫都活跃于盛唐。

晚唐已经没有了过去的辉煌，但诗坛却有李商隐横空出世。

在李商隐生活的时代，朝廷里有两大集团，他们相互争夺权力，谁也不服谁。

一个是以牛僧孺为首的牛党，一个是以李德裕为首的李党。

一开始，李商隐得到了牛党主要人物的赏识。

后来，李党的主要人物王茂元看上了李商隐，把女儿嫁给了他。

再后来，牛党和李党的人，都怀疑李商隐不是自己人。

虽满腹经纶、少年得志，但在官场上一直得不到赏识，李商隐对政治的热情慢慢冷却下来。

仕途蒙尘，但其才华是挡不住的光亮，李商隐的诗歌创作逐渐转向，书写爱情的王者闪亮登场。

李商隐的诗，以“无题”为名的很多，又因为诗里藏了很多典故，有人说他的诗难懂。

但也有人说，他的诗可以穿越上千年，与现代人共鸣，无须解释，无须多言，读了就懂了。

此情可待成追忆，
只是当时已惘然。

只活了46岁，李商隐的一生，充满了悲伤、无奈、别离。在那些朦胧诗意的外表下，你抓到他的真情了吗？

我的眼神锁定你。

注：本书诗人年龄均按虚岁计算。

秒背文学常识

唐代

姓名　李商隐

别称　字义山，
号玉谿（xī）生

代表作　《锦瑟》
《夜雨寄北》

万万没想到

读他的诗像开盲盒，
动不动就“无题”。

李商隐的诗

【小学语文教材同步】

嫦娥

（四年级）

云母屏风烛影深，
长河渐落晓星沉。
嫦娥应悔偷灵药，
碧海青天夜夜心。

03 韩愈

命途多舛。

成为

听专家解读

你所知道的韩愈，是“唐宋八大家”之首，是文章巨公，是百代文宗。

但你不知道的是，他的人生，几乎每一处都写满了失败。

童年不幸，3 岁就成了孤儿。

考运不济，屡次落榜。

身体不好，40 多岁时牙齿就掉了多半。

命途多舛，却让他更加慈悲。他和同样苦命的孟郊是好友，孟郊去世后，韩愈在自己家里为孟郊设了一个灵位，尽朋友最后的心意。

一场小病带走了他侄子年轻的生命，让韩愈背负一生的愧疚，他含泪写下《祭十二郎文》，道出他的痛楚、他的深情。

抬头看月光，
总会想起你。

他所珍视的人相继离去，他该如何面对人生？一介书生，沙场点兵，单刀赴会，终于功成名就。他成为更好的自己，对一生所爱他从未辜负。

成为更好的自己，
这不是愿望，而是誓言。

秒背文学常识

唐代

姓名　韩愈

别称　字退之，世称“韩昌黎”“韩文公”

代表作　《马说》《师说》

万万没想到

他最大的成就不是诗，而是散文，他是“唐宋八大家”之首。

韩愈的诗

【小学语文教材同步】

早春呈水部张十八员外

（六年级）

天街小雨润如酥，
草色遥看近却无。
最是一年春好处，
绝胜烟柳满皇都。

04 李峤

暗中观察。

诗中无“风”字，处处有风来

听专家解读

是什么让叶子凋零？

我凌乱了……

是什么让花朵绽放？

我想“开”了……

是什么掀起大浪千尺?

是什么压弯万竿绿竹?

是李峤的——

《风》

全诗无一“风”字，却处处有风，是大自然的力量，也是李峤笔力的精准。

据记载，李峤写过很多首咏物诗，《风》只是其中之一。花鸟鱼虫，飞禽走兽，文玩器物，服装建筑，他的诗包罗万象。

这知识都学杂了。

李峤写物，并不为了抒情，而是在意刻画事物本身。他的语言简单、准确，让诗呈现了事物本来的样子。

挡住诗名，猜猜这是啥？

李峤做过大官，为无辜入狱的神探狄仁杰伸过冤，但也被后人诟病过趋炎附势。人生起落七十年，毁誉参半。

历经悲喜交加，他却很少写人，反而状物让他更加自如，或许这是他冷眼旁观世界的一种方式吧。

秒背文学常识

姓名　李峤

别称　字巨山

代表作　《风》
《梅》
《竹》
《扇》

万万没想到

他写的咏物诗像说明文。

李峤的诗

【小学语文教材同步】

风

（一年级）

解落三秋叶，
能开二月花。
过江千尺浪，
入竹万竿斜。

05 李清照

我随便写的……

听专家解读

她是天上的一颗星

在古代，文坛是男人的天下，女人写作，是一件艰难的事。而李清照是一个“例外”，她用才华打破了偏见。

走自己的路，让别人说去吧！

她生于书香门第。父亲李格非是苏东坡的得意门生；母亲是名门之女，饱读诗书，蕙质兰心。

李清照少女时代很爱玩，常跟朋友划船、春游、喝酒。她在《如梦令·常记溪亭日暮》里写下：“兴尽晚回舟，误入藕花深处。争渡，争渡，惊起一滩鸥鹭。”

她写下《如梦令·昨夜雨疏风骤》，一句“知否，知否？应是绿肥红瘦”轰动大宋词坛，从此“李清照”这三个字，成为“才女”的代名词。

18岁，她嫁给赵明诚，过了一段甜蜜生活。

不久，金兵入侵，宋室南渡。乱世里终究容不下这对平凡的夫妻。城中爆发叛乱，赵明诚非但没有积极平叛，反而临阵脱逃。面对丈夫的懦弱，她写下“生当作人杰，死亦为鬼雄”。

这首诗，让世人看到——

她不是弱女子，
她是女强人。

后来，丈夫去世，她的人生陷入困境。从此，流离失所，半生落魄。

再后来，她还被人骗婚，经历了离婚、入狱、出狱的波折。

人生的不如意，也是一种馈赠。

但她没有消沉，反而写下“欲将血泪寄山河，去洒东山一抔土”。不再只有婉约，她的作品中多了悲壮苍凉，荡气回肠。

谁说女子不如男?!

1987 年，国际天文学联合会用 15 位中国人的名字命名水星上的环形山，李清照是其中唯一的女性。从此，以她名字命名的星，俯瞰着她曾走过的人间。

人间还值得。

秒背文学常识

宋代

姓名 李清照

别称 号易安居士

代表作 《声声慢·寻寻觅觅》
《如梦令·昨夜雨疏风骤》

万万没想到

水星上有一座环形山，
是用她的名字命名的。

李清照的诗

【小学语文教材同步】

夏日绝句

（四年级）

生当作人杰，
死亦为鬼雄。
至今思项羽，
不肯过江东。

06 辛弃疾

一生戎马，一世深情。

听专家解读

南宋能文能武第一人

辛弃疾，文人里最能打仗，武将里最会作词。

他是山东人，据说他身材高大、眼神犀利，像一头青色的犀牛。

鏖战沙场，他破阵杀敌，夜擒叛军，他是真猛士。

天下英雄谁敌手？
曹刘。生子当如孙仲谋。

——《南乡子·登京口北固亭有怀》

了却君王天下事，
赢得生前身后名。
可怜白发生！

——《破阵子·为陈同甫赋壮词以寄之》

辛弃疾＝豪放派

而英雄转身，背影里却暗藏柔情似水、怦然心动。

众里寻他千百度。
蓦然回首，
那人却在，
灯火阑珊处。

他与苏轼合称“苏辛”，与李清照并称“济南二安”，他的作品被誉为“词中之龙”。

一生戎马，一世深情，辛弃疾——南宋最“硬核”的词人，不枉此生。

而今识尽愁滋味，
欲说还休。
欲说还休，
却道“天凉好个秋”！
——我写的

秒背文学常识

宋代

姓名　辛弃疾

别称　字幼安，号稼轩

代表作　《清平乐·村居》
《西江月·夜行黄沙道中》
《永遇乐·京口北固亭怀古》

万万没想到

他武功高强，能破阵杀敌，写词也很豪放。

辛弃疾的诗

【小学语文教材同步】

清平乐·村居

（四年级）

茅檐低小，溪上青青草。醉里吴音相媚好，白发谁家翁媪？

大儿锄豆溪东，中儿正织鸡笼。最喜小儿亡赖，溪头卧剥莲蓬。

西江月·夜行黄沙道中

（六年级）

明月别枝惊鹊，清风半夜鸣蝉。稻花香里说丰年，听取蛙声一片。

七八个星天外，两三点雨山前。旧时茅店社林边，路转溪桥忽见。

07 王安石

没什么能够阻挡我。

伟大的孤勇者

听专家解读

王安石，北宋事业心最强的男人，从古至今，有很多人夸他。

也有很多人骂他。

小时候，他读书过目不忘，23岁写《伤仲永》，感叹一个“神童”沦为“众人”，告诉世人学习的重要性。

长大后，他是实干家。北宋问题严重，所有人都吵着要改革，真正干活的人却极少，他是其中之一。

因为不爱洗澡，他被叫“邋遢鬼”。

因为他性子倔，世称“拗相公”。

生活里，他很俭朴。

懒人吃饭原则——离得近。

工作中，他很清廉。

宰相骑驴上班。

因为文章写得好，他入围“唐宋八大家”。

却因政见不合，他与很多人成为宿敌。

他和司马光本是好朋友，却因为工作反目。

在今天看来，王安石的管理方法很超前。

事实上，很多“怼”他的人，心底都很佩服他，苏轼就曾和他冰释前嫌。

连死对头司马光也在他去世后主动提出为他追加官衔。

王安石一生的信念，正如他曾写下的那首《元日》：

元日

爆竹声中一岁除，
春风送暖入屠苏。
千门万户曈曈日，
总把新桃换旧符。

本可以明哲保身，却选择勇敢面对；本可以中途撤离，却选择坚持到底。这就是北宋伟大的孤勇者王安石——“虽千万人吾往矣”。

给你们，
我的**初心**。

秒背文学常识

宋代

姓名 王安石

别称 字介甫，
号半山，
世称“荆公”“临川先生”

代表作 《元日》
《伤仲永》
《泊船瓜洲》

万万没想到

北宋职场里的两大犟人，
一个是砸缸的司马光，一个是他。

王安石的诗

【小学语文教材同步】

梅花

（二年级）

墙角数枝梅，
凌寒独自开。
遥知不是雪，
为有暗香来。

元日

（三年级）

爆竹声中一岁除，
春风送暖入屠苏。
千门万户曈曈日，
总把新桃换旧符。

书湖阴先生壁

（六年级）

茅檐长扫净无苔，
花木成畦手自栽。
一水护田将绿绕，
两山排闼送青来。

泊船瓜洲

（六年级）

京口瓜洲一水间，
钟山只隔数重山。
春风又绿江南岸，
明月何时照我还。

08 范仲淹

根本没有什么好怕的。

先天下之忧而忧

听专家解读

历史上做大官的人很多，但没有一点儿私心的人很少，范仲淹算是其中一位。他官至副宰相，且一直心怀悲悯。

江上渔者

江上往来人，但爱鲈鱼美。

君看一叶舟，出没风波里。

因为没有私心，所以交出自己。他训练出来的康定军队，直到北宋末年仍是宋代的最强军事力量之一。驻扎边塞时，他写下了宋代豪放词的开先河之作——

浊酒一杯家万里，
燕然未勒归无计。
羌管悠悠霜满地，
人不寐，将军白发征夫泪。

——《渔家傲·秋思》

兄弟们，受累了！

因为没有私心，所以放下恩怨，所以“先天下之忧而忧，后天下之乐而乐”。

《岳阳楼记》

因为没有私心，所以无所畏惧，所以“宁鸣而死，不默而生”。

秒背文学常识

宋代

姓名 范仲淹

别称 字希文，
谥号文正，
世称“范文正公”

代表作 《岳阳楼记》
《江上渔者》

万万没想到

硬汉一枚，上马杀敌，下马写诗。

范仲淹的诗

【小学语文教材同步】

江上渔者

（六年级）

江上往来人，
但爱鲈鱼美。
君看一叶舟，
出没风波里。

09 范成大

是谈判高手，
也是种菜达人。

听专家解读

一个人就是一支队伍

抛开诗人的身份，范成大其实是南宋最牛的外交官。

与金国谈判，他不辱使命。

把我们的东西还回来！

可他从未想过一直做硬汉，偶然成了英雄，也不过是被历史推着勇往直前。

他真实的一面，是个喜欢干农活的隐者。

他最著名的是田园诗，仅《四时田园杂兴》就有 60 首。

四时田园杂兴（其二十五）

梅子金黄杏子肥，麦花雪白菜花稀。
日长篱落无人过，惟有蜻蜓蛱蝶飞。

自己种菜，吃着放心！

因为对权力没有欲望，范成大在权力场中显得异常强大。他曾写《催租行》，揭露农民被催租吏敲诈勒索，向朝廷撕开官场病态的真相。

不论是做官，还是退隐，他都写出了对人类悲欢的关注，对官吏暴行的愤慨。

也正因如此，范成大与尤袤、杨万里、陆游并称“中兴四大家”。从他们开始，宋代诗歌进入下一个高峰。

中兴四大家

秒背文学常识

宋代

姓名　范成大

别称　字致能

代表作　《四时田园杂兴》

万万没想到

他的《四时田园杂兴》有60首。

范成大的诗

【小学语文教材同步】

四时田园杂兴（其二十五）

（四年级）

梅子金黄杏子肥，
麦花雪白菜花稀。
日长篱落无人过，
惟有蜻蜓蛱蝶飞。

四时田园杂兴（其三十一）

（五年级）

昼出耘田夜绩麻，
村庄儿女各当家。
童孙未解供耕织，
也傍桑阴学种瓜。

10 黄庭坚

无所谓，你随意。

别人家的孩子

听专家解读

苏轼有 4 位高徒，被称为“苏门四学士”。

苏门四学士

其中黄庭坚跟苏轼性格最像。二人年龄差 8 岁，志同道合，亦师亦友。

苏黄 CP

黄庭坚字写得好，擅长行书、草书，楷书也自成一家。他与苏轼、米芾、蔡襄合称“宋四家”。

他作诗也是一绝，开创了江西诗派。江西诗派是中国文学史上第一个有正式名称的诗文派别。

黄庭坚从小才华横溢，据说他 7 岁就能写诗。

别人家的孩子

多少长安名利客，机关用尽不如君。

——《牧童诗》

名利，

我早已看淡。

长大后，他性格依然洒脱不羁，《清平乐》写于他被贬的岁月。

说，春天在哪里？

春无踪迹谁知？除非问取黄鹂。
百啭无人能解，因风飞过蔷薇。
——《清平乐》（春归何处）

宦海浮沉，黄庭坚一直宠辱不惊，这份童年时期就自带的豁达，伴随他的一生。

秒背文学常识

宋代

姓名　黄庭坚

别称　字鲁直，
世称“豫章先生”

代表作《清平乐》（春归何处）

万万没想到

他的老师是苏轼。

黄庭坚的诗

【小学语文教材同步】

清平乐

（六年级）

春归何处？寂寞无行路。若有人知春去处，唤取归来同住。

春无踪迹谁知？除非问取黄鹂。百啭无人能解，因风飞过蔷薇。

复习的都没考，
考的都没复习。

开卷有益

我们自己喜欢读书，

也常常给周围的朋友推荐书。

但面对浩如烟海的知识，孩子们有限的时间，先学什么，后学什么，怎样才能让孩子爱上学习?

我们一直困惑、讨论、突破、尝试……

直到2019年，我们与一位灵魂画家相遇，一切有效的解决方案开始逐一浮上水面。

设计刚需有趣的助学读物，成为我们的共识。

化繁为简，我们誓将理性、逻辑、美学、知识点和阅读融为一体。

翻开哈哈星球的书籍，您会看到“快乐阅读”这几个字将以无数的维度呈现出来，它们是封面、字体、字号、开本、人物、表情、对话、色彩、表格……

登陆这片阅读的新地，
期待与同频的学伴相遇。

哈哈星球

沉迷学习，
无法自拔。